¡Chirridos!

Cuando llueve y
la calle está mojada

el coche frena con un
¡CHIRRIDO!

El camión frena con un
¡CHIRRIDO!

La moto frena con un
¡CHIRRIDO!

El autobús frena con un
¡CHIRRIDO!

¿Por qué frenan todos?

Para que pasen la pata
y sus tres patitos.
—¡Cuá, cuá, cuá, cuá,
rápidito hijitos!